Aprenda a redigir relatórios

Katharine Heritage

Aprenda a redigir relatórios

Tradução
Paulo Lopes

temas'de hoje.

GESTÃO 2000

Título do original: Succesful report writing in a week

Capa: Jordi Xicart
Coordenação editorial: Marcelo Gomes
Diagramação: Globaltec

Dados Internacionais de Catalogação na Publicação (CIP)
(Câmara Brasileira do Livro, SP, Brasil)

Heritage, Katharine
Aprenda a redigir relatórios / Katharine Heritage ; tradução Paulo Lopes. — São Paulo : Editora Planeta do Brasil, 2006. — (Gestão 2000)

Título original: Aprenda a redactar informes.
ISBN 85-7665-203-X

1. Relatórios – Redação I. Título. II. Série.

06-5103 CDD-808.066

Índices para catálogo sistemático:
1. Relatórios : Redação 808.066

2006

Editora Planeta do Brasil Ltda.
Av. Francisco Matarazzo, 1500
Edifício Nova York – 3º andar – cj. 32B
05001-100 – São Paulo - SP
vendas@editoraplaneta.com.br

Visite o site: www.gestion2000.com

SUMÁRIO

INTRODUÇÃO

Os executivos têm que redigir diferentes tipos de relatórios: relatórios para o conselho administrativo, relatórios mensais, relatórios de investigação e muitos outros tipos de relatórios. Até mesmo um memorando é freqüentemente um tipo reduzido de relatório.

Todos os executivos têm que redigir relatórios de vez em quando, e a maioria deles deve fazê-lo com grande freqüência. Os relatórios são ferramentas de gestão muito comuns e muito eficazes para o funcionamento correto de uma empresa.

Apesar disso, e mesmo que tenha de redigir relatórios freqüentemente, quase nenhum executivo possui uma formação adequada para fazê-lo corretamente. A diferença entre um bom relatório e um relatório ruim pode ser a diferença entre alcançar um objetivo ou não, entre causar uma boa impressão nos superiores ou decepcioná-los.

Um relatório ruim pode conter toda a informação necessária, mas sua apresentação em termos de estrutura, linguagem e organização freqüentemente se torna o fator decisivo.

INTRODUÇÃO

Os princípios básicos de um bom relatório são iguais para todos os tipos de relatório, quer sejam sisudos relatórios de investigação ou um simples memorando interno. Este livro detalha todas as etapas de preparação de um bom relatório, desde o momento em que é solicitado até o documento final, pronto para ser enviado a seu destinatário. Essas etapas são:

- Estabelecer os objetivos
- Colher as informações e organizá-las
- Estruturar o relatório
- Escrever de forma clara
- Usar uma linguagem adequada
- Dar os toques finais

Estabelecer o objetivo

Hoje consideraremos a primeira etapa da preparação de um bom relatório: estabelecer o objetivo. Veremos:

- Por que precisamos de um objetivo
- Como estabelecer o objetivo
- Como especificar o objetivo
- Como chegar a um acordo com relação ao objetivo

A primeira coisa que você tem de fazer quando lhe pedem um relatório é determinar um objetivo claro para o documento. Para isso, terá que se concentrar nessa questão e pensar seriamente no tema proposto desde o primeiro momento. O tempo que você se dedicar pensando de forma estruturada agora lhe poupará muitas horas de trabalho depois.

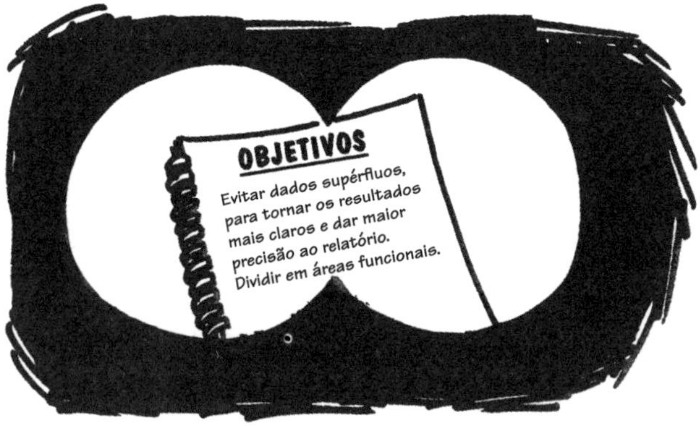

O objetivo de que necessita assumirá a forma de uma única frase que expresse claramente o que pretende obter com o relatório. Em seguida, veremos como estabelecer esse objetivo. Mas antes vejamos por que é tão importante seguir todo esse processo.

Por que precisamos de um objetivo

Muitas pessoas acham que estabelecer um objetivo antes de começar é perda de tempo. Afinal de contas, já não sabemos de antemão a que o relatório deve se referir? Pode parecer particularmente inútil se for um relatório regular, como um relatório mensal de gestão, por exemplo. Mas, na verdade, um objetivo claramente descrito apresenta uma série de vantagens importantes:

- Ajuda a decidir as informações que devemos incluir ou deixar de fora
- Ajuda a adequar o relatório de acordo com seu destinatário
- Ajuda a redigir o relatório com mais facilidade

Decidir que informações incluir ou deixar de fora

Um objetivo claro nos dá uma referência com a qual contrastamos as informações que possuímos para, assim, decidirmos se vamos ou não incluí-las. Sem um objetivo claro podemos perder muito tempo colhendo informações que consideramos necessárias, até percebermos que não utilizaremos nem metade delas. Uma das funções de um bom objetivo é evitar a perda de tempo na fase de busca de informações.

Adequar o relatório de acordo com o destinatário

O objetivo deve sempre indicar claramente a quem o relatório é dirigido, o que ajuda na hora de nos concentrarmos em incluir apenas as informações necessárias, expressadas adequadamente.

Exemplos

Suponha que temos de escrever um relatório sobre a eficiência do novo sistema de computadores da empresa após seis meses de funcionamento. Se o relatório é para o conselho administrativo, os conselheiros provavelmente querem saber quais são os problemas gerais do sistema e que efeitos eles têm sobre a produtividade, expressados com uma linguagem menos técnica. Mas se o relatório for para o departamento técnico, o mais provável é que os técnicos queiram conhecer em detalhes como o sistema funciona. Neste caso, teremos que incluir expressões particulares e precisas.

Consideremos outro exemplo: um relatório sobre o lançamento de um novo produto requer um enfoque quando dirigido a um diretor de marketing e outro diferente se for para um diretor financeiro. Ao diretor de marketing interessa mais a reação dos clientes, mas ao diretor financeiro os custos da operação são de maior interesse.

Escrever o relatório com mais facilidade

Quando for escrever e estruturar o relatório, você descobrirá que o processo é muito mais rápido se souber exatamente o que pretende com ele. Talvez você ache que já sabe, mas verá como é mais fácil escrever um relatório quando há um objetivo claramente estabelecido de antemão.

Como estabelecer o objetivo

A primeira coisa que devemos fazer para estabelecer o objetivo é ter uma clara idéia geral do relatório. É provável que já tenhamos: por exemplo, temos de relatar sobre a eficiência de nosso serviço em uma feira recente, sobre os resultados do estudo que fizemos para distribuir melhor os escritórios do quarto andar, ou simplesmente temos que atualizar nosso relatório mensal sobre as atividades do nosso departamento.

Até aqui tudo bem, mas esses objetivos são difusos demais para terem resultados realmente úteis. Para definir melhor os objetivos temos que nos fazer algumas perguntas, e todas elas devem ser orientadas pelo ponto de vista daqueles que vão ler o relatório. Afinal, é para eles que escrevemos o relatório, não para nós mesmos. Se não tivermos os destinatários sempre em mente, o relatório pode ficar cheio de informações pertinentes, mas sem sentido ou utilidade alguma para quem o lê.

Perguntas que ajudam a estabelecer um objetivo:

- A quem se destina o relatório?
- Para quê ele(a) o quer?
- Que aspectos deseja conhecer?
- O que não quer conhecer?
- O que conhece sobre o assunto?

Considerar todos estes aspectos é um passo vital para estabelecer o objetivo de cada um dos relatórios que você tiver de redigir. Se o relatório for para o departamento de vendas a respeito de novos produtos em desenvolvimento, por exemplo, os destinatários precisarão das informações para que os clientes saibam quais são os produtos que estão sendo fabricados, ou até mesmo para que os clientes dêem suas opiniões a respeito dos produtos para que eles possam ser melhorados. Portanto, o relatório terá que dizer quais são as vantagens para os clientes, mas não será necessário que diga quais são os fornecedores que pretende utilizar. Em seu relatório, você poderá fazer referências a produtos já existentes ou compará-los, com a segurança de que o departamento de vendas não precisa de explicações, pois conhece melhor que ninguém toda a gama atual de produtos.

Uma vez realizadas as perguntas anteriores, você se encontrará em condições de expressar seu objetivo de forma simples e clara, em uma frase bem concisa.

O que você acha de “Deixar o departamento de vendas a par dos novos produtos”? Não está ruim, mas se você se fez todas as perguntas anteriores, sua frase teria que ser muito mais específica. Quanto mais específica, mais útil será como base para a elaboração de seu relatório.

Como especificar o objetivo

Usar um objetivo é como utilizar um mapa rodoviário. Se você tiver de ir de Barcelona a Santander, não poderá entrar no carro e ir para qualquer lado sem antes consultar um mapa e decidir qual rota seguir. Antes de começar a viagem, já sabe que terá de passar por Zaragoza, que depois seguirá rumo ao norte, até Bilbao, e que a partir daí irá para oeste até chegar a Santander.

Em vez de sair sem saber para onde vai (e talvez passar por Albacete e Cáceres em sua viagem de Barcelona até Santander), você decide a rota que melhor se adapta aos seus requisitos, que neste caso pode ser o caminho mais curto, cômodo e que economize mais gasolina.

Um objetivo lhe proporciona uma rota semelhante. É claro que os requisitos podem ser muito diferentes, mas você pode estabelecê-los de antemão e incorporá-los ao seu objetivo. Você pode identificar os objetivos a partir das perguntas feitas anteriormente.

Voltemos ao objetivo:

Munir o departamento de vendas com informações sobre os novos produtos.

Está bom, mas é amplo demais. Pode acabar incluindo custos de produção, especificações detalhadas que os clientes não entendem e outros tipos de informações igualmente dispensáveis.

Vamos torná-lo um pouco mais objetivo:

Munir o departamento de vendas com informações para os clientes sobre os novos produtos.

Agora está melhor. Isso nos poupou de investigar aspectos desnecessários como, por exemplo, as especificações dos produtos. Mesmo assim o objetivo poderia ser um pouco mais claro. O departamento de vendas quer saber quais são as vantagens dos novos produtos, mas da forma como foi elaborado, o objetivo não as inclui.

Tentemos novamente, sendo um pouco mais específicos:

> Munir o departamento de vendas com informações para os clientes sobre os novos produtos, dando ênfase às vantagens que os produtos lhes trarão.

Agora, sim, temos um objetivo realmente claro, que indica sem sombra de dúvidas onde deve estar a ênfase do relatório. Para saber se um determinado dado deve ou não constar do relatório, basta considerar se está de acordo com o objetivo.

Como chegar a um acordo sobre o objetivo

Há outra enorme vantagem em se estabelecer um objetivo claro: você pode apresentá-lo à pessoa que solicitou o relatório e se assegurar de que ela está de acordo.

Suponha que o seu chefe tenha solicitado a você um relatório por escrito sobre a gama de produtos que você lançou no mercado há alguns meses. Você fala com sua equipe de vendedores para averiguar qual foi a reação dos clientes e pede as últimas cifras de vendas. Depois de muitos dias de trabalho árduo, você apresenta o relatório a seu chefe, que dá uma olhada e diz: "Não, não, não. Eu não quero este tipo de informação. Eu quero saber se temos problemas de manutenção com produtos defeituosos, se os níveis de produção e armazenamento são adequados, se nossos fornecedores estão funcionando bem... são essas as informações que procuro".

Parece familiar? Isso ocorre com todo mundo uma vez ou outra, a menos que tenhamos um objetivo específico por escrito antes de começar o relatório. Se você apresentar o objetivo a seu chefe imediatamente após elaborá-lo o resultado pode ser o mesmo, mas você terá perdido apenas alguns minutos, não dias inteiros.

Resumo

Hoje consideramos o ponto de partida fundamental de qualquer relatório: o objetivo.

Verificamos por que precisamos de um objetivo, seguimos os passos necessários para estabelecê-lo e vimos como especificá-lo. Também vimos que estabelecer um objetivo claro desde o princípio serve para garantir que você e seu chefe (ou quem solicitou o relatório) têm o mesmo pensamento.

Vale a pena destacar outra vantagem de estabelecer os objetivos: quando você adquirir o hábito de estabelecê-los antes de redigir seu relatório, descobrirá que esta é uma habilidade extremamente valiosa para todas as atividades de gestão como, por exemplo, fazer apresentações orais, organizar exposições, contratar especialistas, planejar projetos e muitas outras.

Reunir a informação e organizá-la

Hoje veremos como reunir a informação necessária para escrever o relatório e como organizá-la de forma lógica. Este processo contém três etapas:

- Decidir qual informação é necessária
- Reunir o material
- Comparar as informações
- Separá-las por grupos

Se o relatório a ser escrito for extenso, esta etapa do processo pode se mostrar bastante desanimadora. Até o momento, escrevemos apenas uma frase (o objetivo) e ainda falta fazer todo o resto. De qualquer forma, o objetivo será muito útil, como logo veremos, e ao final deste processo nos sentiremos muito melhor.

Decidir quais informações são necessárias

Você terá que pensar muito antes de tomar essa decisão, seja por conta própria ou com a ajuda de outras pessoas. Pergunte à pessoa que lhe pediu o relatório se há áreas específicas que deseja que sejam incluídas.

Seu objetivo expressado por escrito já deve se mostrar útil. Leia-o novamente e considere o que lhe diz. Para começar, faça uma lista das questões gerais que considera que devam ser incluídas. Nosso objetivo ontem era:

> Munir o departamento de vendas com informações direcionadas aos clientes sobre os produtos, dando ênfase às vantagens que os produtos lhes trarão.

A lista de questões gerais pode incluir algo assim:

- Descrição dos produtos
- Comparação com os produtos da concorrência
- Vantagens de maior destaque para os clientes
- Apoio às vendas
- Folhetos/informações escritas
- Informações complementares

Nesta etapa, a ordem da lista não importa, pois se trata simplesmente de colocá-la por escrito. Repasse todas as questões que podem ser incluídas e compare-as com o objetivo para se certificar de que são adequadas ao seu relatório.

Feito isso, pode começar a destrinchar os aspectos individuais de cada questão. Por exemplo, em "informações complementares" talvez queira incluir:

- Data de lançamento do produto
- Preço
- Prazos de entrega
- Garantias

Faça as listas como preferir, já que são suas próprias anotações e não há regras para elas. Algumas pessoas utilizam uma folha para cada aspecto, enquanto outras preferem uma espécie de mapa mental.

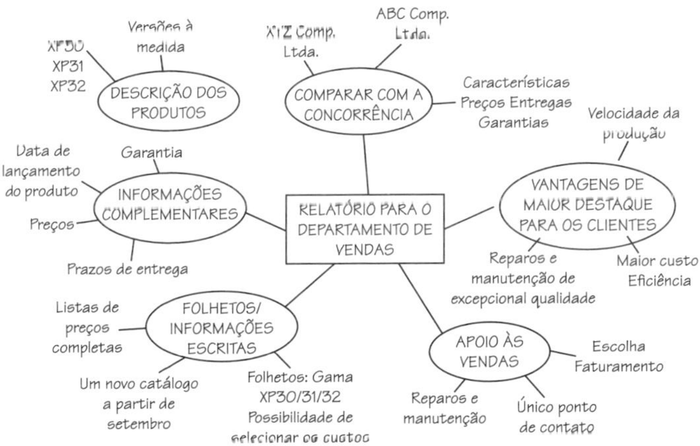

Trata-se de um processo importante a ser seguido, mesmo que de forma breve, inclusive em um relatório regular. Suponha que está preparando um relatório de gestão mensal e que sempre utiliza os mesmos tópicos. Se ocorrer algo que nunca havia acontecido antes, talvez não se encaixe em nenhum dos tópicos e tudo será omitido. Este enfoque o obriga a pensar guiado pelos fatos e evita que fique ligado no piloto automático ao redigir relatórios rotineiros.

Reunir o material

Com a lista feita, repasse cada um de seus elementos e decida qual é o melhor lugar para encontrar as informações que deseja incluir. Podem ser, por exemplo, cópias de relatórios feitos por outros departamentos, atas de reuniões ou até mesmo informações sobre os produtos da concorrência (folhetos, listas de preços, etc).

Alguns relatórios requerem poucas informações, enquanto outros exigem muitas. Para um relatório sobre o estado atual do mercado provavelmente será necessário muito material de fora da sua empresa, como artigos da imprensa especializada ou uma lista completa da concorrência.

Um relatório com recomendações descrevendo, por exemplo, opções de melhorias e renovação das instalações indicando qual é a mais adequada necessitará de muitas informações sobre custos e projeções.

Em geral, existem três fontes às quais podemos recorrer para colher informações:

- Material interno da empresa
- Material à disposição do público
- Informações obtidas a partir de conversas com outras pessoas

Vejamos estas três fontes mais detalhadamente.

Material interno da empresa

Freqüentemente, você descobrirá que a maior parte das informações que deseja incluir em seu relatório já existe em sua própria empresa e é apenas uma questão de reuni-las. Procure-as em:

- Sua própria publicidade de vendas
- Boletins internos
- Publicações do cliente
- Relatórios habituais com cifras mensais ou trimestrais
- Minutas de reuniões
- Relatórios e propostas de outros departamentos

Material à disposição do público

Uma vez reunido todo o material disponível dentro da empresa, consulte fontes externas de informação:

- Livros e manuais com informações relevantes sobre a questão
- Guias profissionais do setor (em qualquer biblioteca importante)
- Coleções de relatórios sobre estudos de mercado (também em bibliotecas)
- Jornais, revistas e imprensa especializada
- Pesquisas e estatísticas das associações do setor
- Publicações e relatórios governamentais (consultar listas do Instituto Nacional de Estatística)
- Folhetos, catálogos, relatórios anuais e material de venda da concorrência

Conversas com outras pessoas

As informações obtidas com estas fontes podem vir de dentro ou de fora de sua empresa. De qualquer forma, é surpreendente a quantidade de informações que podemos obter simplesmente visitando ou ligando para alguém. Fale com as seguintes pessoas:

- Clientes – faça perguntas pessoalmente ou por telefone
- Especialistas de dentro da empresa ou externos – obtenha informações especializadas com eles
- Fornecedores – pergunte a respeito de custos, disponibilidade de materiais etc.

Copyright

Se você reproduzir o material de outra pessoa nas suas informações estará infringindo a lei de copyright (exceto em casos de citações textuais curtas e identificadas), mesmo quando se trata de um relatório para distribuição exclusivamente interna. No entanto, o copyright só se aplica às palavras, ou seja, não há problemas em fazer uso da essência do material e expressá-la com suas próprias palavras. Outra coisa que pode fazer é entrar em contato com o autor ou dono dos direitos de reprodução e pedir permissão para utilizar o material (a autorização deve ser dada por escrito).

Revisar e escolher as informações

Agora já temos todo material necessário: livros, folhetos, relatórios e anotações feitas durante entrevistas com diferentes pessoas. O próximo passo pode parecer trabalhoso, especialmente se tivermos muito material, mas vale a pena. Revisar o material agora nos poupará muito tempo mais tarde e nos ajudará a conhecer bem o material de que dispomos.

É preciso começar fazendo uma pilha com todo o material reunido no canto da mesa durante a investigação. Começando pelo primeiro material, é preciso examiná-lo e escrever em uma folha à parte os principais aspectos que serão incluídos no relatório. À medida que repetir esta operação, a pilha de material irá diminuir e o conjunto de folhas com suas anotações irá se acumular sobre a mesa.

Na verdade, essa tarefa não leva tanto tempo quanto parece, pois não é necessário anotar todos os detalhes; bastam os aspectos principais. Por exemplo, podemos reunir as listas de preços da concorrência com a folha à parte que contém as anotações de "comparação de nossos preços com os da concorrência".

Também é uma boa idéia anotar na mesma folha a fonte das informações, assim você pode procurá-las e encontrá-las com facilidade, quando precisar.

Esta etapa pode ser acelerada utilizando-se um computador para fazer as anotações. Basta fazer uma impressão final com todas as anotações e recortar o documento impresso de modo que cada ponto principal fique em um pedaço de papel individual.

Terminada a revisão e classificação de todo o material coletado, você terá dezenas de fichas sobre a mesa. Todas as informações de que necessita estão contidas nelas, de modo que você tem toda a informação por escrito e não precisa guardá-las de cabeça.

Informações habituais

Se estiver preparando um relatório habitual, as anotações cotidianas feitas em cartões ou pequenos pedaços de papéis preparados para isto serão muito úteis. A tarefa de escrever o relatório será bastante facilitada pois, quando chegar o momento, bastará retirar os papéis ou cartões de sua gaveta e encontrará toda informação necessária, pronta para ser usada.

Classificar as informações em grupos

Agora temos toda informação de que necessitamos para escrever o relatório e não precisamos procurá-la em montanhas de livros e outras fontes, pois temos todos os pontos importantes em fichas ou papéis em tamanho manejável. O próximo passo é organizá-los.

É aqui que vemos a utilidade de possuir as anotações em folhas à parte. Como temos que classificá-las em grupos e cada informação é individual, tudo que temos que fazer é buscar o grupo adequado para cada uma delas e, para tal, contamos com a facilidade de mover as fichas livremente.

Uma tendência natural é organizar as informações em grupos que correspondam aos tópicos gerais da lista original, aquela que você fez quando decidia quais informações precisava reunir. Tais tópicos eram:

- Descrição dos produtos
- Comparação com os produtos da concorrência

- Vantagens de maior destaque para os clientes
- Apoio às vendas
- Folhetos/informações escritas
- Informações complementares

No entanto, agora que tem todas as informações reunidas, talvez descubra que é mais lógico separá-las em grupos diferentes, dividir alguma seção em duas ou unir outros tópicos. Tudo isso é válido, portanto faça da forma que considerar mais lógica.

É difícil dar uma indicação clara sobre o número de grupos, já que os relatórios variam muito de alcance e extensão, mas em linhas gerais podemos dizer que o habitual está entre quatro e doze grupos de informação.

Nesta etapa, entretanto, não estamos agrupando as informações de acordo com a estrutura final do relatório, mas simplesmente organizando uma coleção desconexa de anotações em alguns grupos de questões comuns.

Este processo irá ajudá-lo a se concentrar no tema de seu interesse e, à medida que organizar suas fichas, notará que sua mente também estará mais organizada. Este processo tem outros dois benefícios fundamentais:

1. Quase todo material provavelmente permanecerá nos mesmos grupos quando chegar o momento de estruturar o relatório (seja qual for a ordem em que aparecerem), portanto você terá menos trabalho depois.
2. À medida que for repassando cada ficha para decidir em que grupo deixá-la, pode contrastá-la com seu objetivo para verificar se é pertinente; este processo também servirá para se assegurar de que não repetirá as mesmas informações.

Resumo

Ao final desta etapa, você terá toda informação de que necessita para seu relatório, condensada em fichas e organizada em grupos lógicos. Você chegou a este ponto:

- Pensando em que informações necessita e fazendo uma lista dos aspectos que devem ser incluídos
- Colhendo informações dentro e fora da empresa, e falando com pessoas diferentes

- Revisando e escolhendo as informações adequadas, anotando os pontos principais em fichas ou folhas à parte
- Organizando todas as fichas em grupos lógicos

A maioria das pessoas que têm de escrever um relatório já se sente muito melhor ao chegar até aqui. O trabalho de investigação já está todo feito e todos os dados estão por escrito, de modo que não é necessário recorrer à memória.

Amanhã veremos como podemos transformar estes grupos de anotações ou fichas em uma estrutura clara e lógica para o seu relatório.

Estruturar o relatório

Hoje veremos a última etapa da preparação, que é estruturar o relatório. Existem dois tipos diferentes de relatório, e cada um deles precisa de uma estrutura diferente:

- Relatórios de investigação
- Relatórios que apenas apresentam dados

Um relatório de investigação é aquele no qual você comunica o que descobriu ao investigar a questão. Por exemplo, você investiga e estuda as atividades da concorrência ou analisa as opções para comprar um novo sistema de informática e logo deixa por escrito aquilo que averiguou ou as conclusões a que chegou. Às vezes, os relatórios de investigação incluem recomendações, como no caso de um relatório sobre produtos em desenvolvimento que recomenda qual deve ser o primeiro produto a ser desenvolvido.

Os relatórios que apenas apresentam dados fazem justamente o que seu nome indica. Neste grupo podemos incluir os memorandos, os relatórios propositivos regulares ou atualizados, os relatórios de gestão etc.

Agora veremos como estruturar cada um desses tipos de relatório.

Relatórios de investigação

Este tipo de relatório pode ser muito importante. Freqüentemente, esses relatórios são base para decisões, tais como quais novos produtos devem ser lançados no mercado, se deve ser aberta uma nova sucursal ou não, se a empresa deve investir suas reservas ou entrar em um novo mercado. Mas também podem ser cruciais do ponto de vista pessoal. Muitas vezes um relatório de investigação serve para que os altos diretores prestem atenção em um determinado empregado; portanto, um relatório bem feito pode ser um importante ponto de partida em uma carreira profissional.

Um relatório bem organizado e escrito demonstra que o seu autor tem talento para pensar de forma clara, lógica, ordenada e objetiva, uma habilidade muito valiosa no mundo da gestão. Por outro lado, um relatório mal estruturado passa a impressão oposta, mesmo que contenha todos os dados necessários em um ou outro lugar. É evidente que aprender a estruturar esse tipo de relatório é de vital importância.

Lembra das aulas de física e química do colégio? Era preciso fazer experimentos com bicos de Bunsen e tubos de ensaio, mas não de qualquer jeito; precisávamos seguir determinados passos:

- Objetivo
- Método
- Resultado
- Conclusão

Certamente, um experimento científico é uma forma de investigação, e o relatório posterior é sobre esse experimento; portanto, não se surpreenda ao encontrar aqui aqueles mesmos passos, pois é exatamente assim que deve ser escrito um relatório de investigação: objetivo, método, resultados e conclusão.

Objetivo

O objetivo daqueles experimentos científicos do nosso tempo de estudante sempre devia ser expressado em uma única frase, e o mesmo se aplica ao relatório de investigação. Você já tem sua frase: é o objetivo que definiu no começo do processo.

Em um relatório que apenas fornece dados, você pensaria em um objetivo e o guardaria na memória, mas em um relatório de investigação será útil ao destinatário que o objetivo esteja indicado no início do relatório. Você pode chamá-lo de meta ou objetivo, como preferir.

> *Exemplo*
> O objetivo desta investigação é constatar se a redução de nossos prazos de entrega para menos de 72 horas seria um atrativo para nossos clientes, aumentando sua satisfação, e se teria um custo vantajoso.

Método

A parte do método do relatório explica como se estabeleceram as respostas a essas perguntas. Nos experimentos científicos do colégio, por exemplo, o método era mais ou menos assim:

Pegamos 2 mg de sulfato de cobre, dissolvemos à temperatura ambiente em 6 ml de ácido clorídrico e misturamos utilizando uma barra de vidro.

Em um relatório de investigação é necessário mencionar os métodos utilizados de forma completa, mas sem muitos detalhes. Por exemplo, mencionamos que utilizamos guias comerciais, mas sem apresentar uma bibliografia detalhada. Ou mencionamos a indagação feita aos fornecedores, mas sem incluir a lista com todas as perguntas do questionário. Este tipo de detalhe pode ser incluído mais adiante, nos apêndices. Os métodos de investigação a serem mencionados aqui são:

- Fontes de material escrito (uma breve menção, não uma bibliografia detalhada)
- Entrevistas realizadas
- Informações anotadas
- Provas realizadas

Vejamos um simples exemplo da parte do seu relatório dedicada ao método:

Exemplo

Fizemos uma ficha com averiguações sobre os clientes (ver apêndice) distribuída a todos os clientes do país em cada entrega. O objetivo desta ficha era medir a satisfação de nossos clientes.

Depois de um mês aplicando esta medida para determinar quais eram os níveis médios de satisfação, realizamos uma prova-piloto na região de Levante, oferecendo aos clientes entregas em 24 horas. Em seguida, verificamos se esta mudança no serviço afetava o nível de satisfação dos clientes, utilizando as fichas da averiguação.

Ao mesmo tempo, analisamos quantos clientes optavam por uma entrega mais rápida e avaliamos os custos desta opção. Também averiguamos se estes clientes tendiam a demonstrar um nível mais alto de satisfação do que os outros.

"Colocamos cada um de nossos clientes sobre o bico de Bunsen e perguntamos se estavam satisfeitos com o serviço que receberam."

Resultados

Nesta parte do relatório, você pode escrever tudo o que descobriu com a investigação. Provavelmente será a parte mais longa do relatório, mas inclua apenas os fatos, pois este não é o lugar em que apresentamos as conclusões.

Inclua aqui todos os dados importantes, mas evite os detalhes desnecessários, deixando-os para o apêndice. É importante definir o termo "desnecessário", pois um mínimo de detalhamento é preciso. Se estiver escrevendo um complexo relatório técnico para engenheiros que não apenas compreendem como necessitam das minúcias, a maior parte dos detalhes deve constar aqui. Mas se for improvável que os detalhes signifiquem algo para aqueles que lêem o relatório, deixe-os no apêndice como complemento do seu trabalho e para proveito de quem desejar informações adicionais.

Esta parte do relatório é onde devemos incluir os gráficos ou tabelas que dão suporte à mensagem central do relatório. Vejamos um exemplo possível da parte dos resultados:

Exemplo

Na primeira parte do relatório, determinamos que a porcentagem média de satisfação expressada na averiguação feita em todo o país para a seção "entregas" era de 72%, com uma margem de erro de 4%, e que a média em Levante era de 73%. (Ver apêndice para consultar os resultados completos de cada região.)

Quando realizamos a prova-piloto de entregas em 24 horas, a porcentagem de satisfação em Levante aumentou para 84%, mas no resto do país manteve-se no mesmo nível de antes.

Custos

Durante o período de quatro semanas em que foram feitas as provas, 17% dos clientes enalteceram a opção de entregas rápidas. Usando nosso serviço habitual de mensagens, o custo de entregar em 24 horas em vez de 72 é de 1.000 u.m., mas se introduzirmos este serviço em todo o país haverá um desconto, reduzindo este custo para 750 u.m.

A porcentagem de satisfação cresceu entre os clientes de Levante entre os que não usavam a opção de entregas rápidas e entre os que sim, mas cresceu mais entre os clientes que optaram pelo serviço de entregas em 24 horas (ver gráfico).

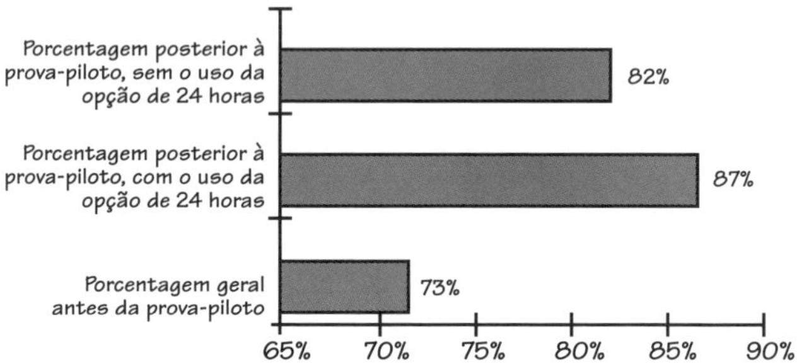

Conclusão

A conclusão pode ter uma extensão que varia entre um parágrafo e uma página, e deve fazer referência ao objetivo principal, assim como nos experimentos estudantis. Volte a ler seu objetivo original antes de decidir exatamente o que dizer na conclusão, e concentre sua idéia nele. Finalmente chegou o momento de expressar a opinião que estava guardando até agora. Você acha que a empresa deve oferecer um serviço de entregas em 24 horas em todo o país? Agora você tem a oportunidade de expressar o que pensa.

Exemplo

Aparentemente, a satisfação dos clientes aumentou em conseqüência da oferta de entregas mais rápidas. Até mesmo os clientes que não quiseram utilizar o serviço de entrega mais rápida demonstraram um nível maior de satisfação simplesmente por terem esta opção. Dado que uma porcentagem relativamente pequena de clientes escolheu efetivamente a opção de entregas em 24 horas, as implicações relativas aos custos seriam menores do que as esperadas. O custo adicional parece ser um preço relativamente pequeno a se pagar se comparado ao significativo aumento da satisfação de todos os clientes, não apenas daqueles que escolheram a opção de entregas em 24 horas. A conclusão a que cheguei com esta investigação é de que deveríamos expandir a opção de entregas mais rápidas para todo o país.

Relatórios que apenas apresentam dados

Este tipo de relatório é muito mais fácil de estruturar. De fato, você gostará de saber que, se precisar escrever um relatório deste tipo, já o tem praticamente pronto.

Como certamente deve saber por experiência própria, não há uma estrutura rígida a ser seguida nesses casos. O único aspecto importante é evitar uma estrutura ilógica e confusa.

Recapitulando: quando você se sentar para estruturar o relatório, tenha sobre a mesa várias pilhas de folhas de papel separadas em grupos. O que tem de fazer agora é pôr estes grupos em ordem, de forma que a informação logo se mostre clara para quem a lê.

Às vezes há uma forma bastante lógica de organizar os grupos, por exemplo:

- Por datas
- Por departamentos
- Por ordem de importância
- Por faturamento
- Por tamanho (no caso dos clientes, por exemplo)

- Por localização geográfica (por áreas de venda, por exemplo)
- Seguindo uma ordem conhecida pelo leitor (os produtos do catálogo, por exemplo)

Não se trata de uma lista exaustiva, mas apenas de algumas idéias. Uma vez decidida a ordem dos grupos, as informações podem ser organizadas (em fichas ou folhas separadas), fazendo o mesmo em cada grupo.

Às vezes ocorre de não haver uma ordem lógica para os grupos, ou talvez os três ou quatro primeiros possam estar em ordem de importância, mas a partir daí cada um dos grupos tem a mesma importância. Se não houver uma ordem lógica, é claro que ela não poderá ser usada, mas não se preocupe. Muitas vezes não importa a ordem em que estão os grupos.

Apresente a meta do exercício. Você quer fazer o possível para ajudar quem vai ler o seu relatório a:

- Seguir as informações e assimilá-las com a maior facilidade possível
- Compreendê-lo
- Ser capaz de voltar atrás e encontrar rapidamente uma informação que queira recapitular

Se conseguir fazer isso, quer dizer que estruturou seu relatório da melhor forma possível.

Resumo

Hoje vimos dois tipos diferentes de relatório que podem pedir que você prepare, assim como a melhor forma de estruturar cada um deles. Os dois tipos básicos são os relatórios de investigação e os relatórios que apenas apresentam dados. Seguem as melhores estruturas para ambos:

Estrutura dos relatórios de investigação

- Objetivo
- Método
- Resultados
- Conclusão

Estrutura dos relatórios que apenas apresentam dados

- Utilize os grupos em que já organizou as informações
- Quando possível, coloque estes grupos em uma seqüência lógica
- Ordene as informações de cada grupo em uma seqüência lógica

O mais importante de se lembrar é que você está fazendo o possível para que quem ler seu relatório possa segui-lo e compreendê-lo facilmente. Se conseguir isso, significa que seu relatório foi bem estruturado.

QUARTA

Neste momento, você acabou os preparativos para escrever seu relatório: determinar o objetivo, investigar, organizar e estruturar as informações. A maior parte do trabalho mais árduo já está feita; portanto, amanhã será o momento de encarar o computador ou pegar o lápis e começar a escrever.

Escrever de forma clara

Hoje veremos como escrever com clareza, o que não é o mesmo que utilizar o idioma com correção gramatical. Os aspectos que veremos hoje são:

- Estilo geral
- Frases
- Palavras

O verdadeiro segredo de um bom estilo é escrever como se fala. É claro que devemos evitar expressões demasiadamente coloquiais, mas também devemos levar em consideração que é muito difícil ler algo escrito em uma linguagem rebuscada, que parece estranha para o leitor.

Para a maioria de nós, é fácil falar com clareza e expressar os argumentos de forma coerente, mas quando chega o momento de aplicar essas técnicas na linguagem escrita, descobrimos uma repentina necessidade de impressionar, utilizando palavras raras e frases complicadas. Em um relatório isso é perigoso, pois dificulta a compreensão da mensagem, que perde em clareza e efeito.

Estilo geral

Lembre-se de que escreve o relatório para o destinatário que vai lê-lo, e não para você, o que significa que terá de adaptar seu estilo natural para que se ajuste ao leitor. Geralmente não é preciso fazer muitas mudanças, mas tenha isto em mente, pois às vezes o leitor não é como você.

Por exemplo, suponha que está escrevendo um relatório para o conselho administrativo, que é formado por pessoas mais velhas, com uma formação do idioma de muitos anos atrás. Provavelmente a liberdade de uso que o idioma permite atualmente não será de seu agrado; neste caso, aconselhamos que recorra o uso mais tradicional da língua. Não é necessário mudar completamente de estilo, basta adaptá-lo ao estilo dos destinatários do relatório.

Este princípio não se aplica somente aos leitores de mais idade: talvez também deva adaptar sua forma de utilizar o idioma ao estilo de outros grupos, como por exemplo:

- Pessoas com um estilo idiomático mais tradicional que o seu

- Pessoas com um estilo mais moderno que o seu
- Pessoas cujo idioma natal não é o mesmo que o seu
- Pessoas com dificuldade de leitura (dislexia, por exemplo)

Evitar as expressões altissonantes

Por algum motivo, as pessoas tendem a usar nos relatórios palavras e frases que ninguém utiliza na vida real. O resultado é que o relatório fica parecendo um boletim policial, cheio de expressões como "indivíduos deslocando-se em veículos", em vez de "pessoas dirigindo carros". Vejamos alguns exemplos:

Expressão	*Alternativa*
em referência a	sobre
no momento presente	agora
na eventualidade de	se
finalizar	acabar, terminar
ratificar	confirmar
conseqüentemente	assim

Trata-se mais de uma questão de estilo do que de expressões individuais, e não faz mal que você aprenda todas elas (e há muitas outras). O que tem de fazer é aprender a adaptar o enfoque geral da escrita à sua forma de falar, em vez de cair na tentação de utilizar uma linguagem pomposa.

Diga "eu" e "você"

Quando fala com alguém, refere-se a si mesmo como "eu" e à outra pessoa como "você", certo? Pois faça o mesmo ao escrever. Não só é mais fácil, como tem um resultado muito mais agradável. Se estiver escrevendo o relatório em nome do seu departamento, utilize "nós" em vez de "eu". É impressionante a quantidade de pessoas que escreveriam: "Este relatório recomenda a compra de...", quando poderia simplesmente dizer "Recomendamos a compra de...".

Seja politicamente correto

Independentemente de sua postura pessoal em relação à questão (pois certamente o que conta é a postura de seus leitores, e não a sua), ignorar o que se considera politicamente correto é algo defasado e fora de lugar. É provável que muitos leitores sintam-se ofendidos diante de demonstrações de preconceito com relação a raça, idade ou sexo, e certamente dirão: "Eu achava que ninguém mais usava uma linguagem tão ultrapassada!" Ou seja, guarde suas opiniões pessoais e evitará problemas.

Evite uma linguagem sexista

Para muitas pessoas, é difícil utilizar uma linguagem que não seja sexista, o que é algo compreensível pois a maioria de nós cresceu em um ambiente que não dá muita importância ao tema. De qualquer forma, há várias técnicas para evitar cair facilmente em uma linguagem sexista.

1. Usar expressões substitutivas. Em vez de dizer "Todos os empregados deverão realizar um curso para aprender a utilizar eficazmente um PC portátil..." ou "Todas as pessoas empregadas...", você pode dizer "Todo o pessoal deverá...".
2. Usar a segunda pessoa "você", pois assim não só se evita o uso do "ele" ou "ela", como é uma expressão muito mais amigável. Tente dizer, por exemplo, "Você pode aprender a usar um computador portátil facilmente".
3. Utilizar "pessoa" em vez de "homem" ou "mulher" e dizer, por exemplo, "Até a pessoa com menos disposição técnica pode utilizar um computador portátil caso se proponha a isso".
4. Alternar os exemplos. Se você está usando exemplos para se referir aos clientes ou empregados, mencione o gênero para que os exemplos fiquem equilibrados. Diga algo como "recebemos consultas sobre problemas com horários de todo tipo de funcionário, desde a mulher que perde o último trem se sai do trabalho depois das 5, até o homem que tem que levar seus filhos ao colégio antes de ir trabalhar".
5. Usar "ele/ela", embora seja uma solução menos satisfatória, pois se nota muito visualmente. De qualquer forma, é uma solução preferível ao uso de uma linguagem sexista; portanto, não hesite em usá-la se não tiver outra técnica ou alternativa.

Use exemplos e analogias

Quando falar com alguém pessoalmente, a outra parte sempre pode interrompê-lo e pedir que explique novamente o que está dizendo. No entanto, quando a pessoa está lendo um relatório, não tem essa possibilidade, de forma que você deve tentar tornar sua exposição o mais clara possível. As ferramentas mais úteis para fazer isso são os exemplos e analogias.

Às vezes, você pode achar que uma coisa é mais óbvia do que ela realmente é para as outras pessoas; portanto, quando tiver alguma dúvida, recorra aos exemplos. Vimos anteriormente como evitar uma linguagem pomposa e rebuscada, mas sem os exemplos a explicação talvez não fique clara.

As analogias podem ser muito valiosas para explicar idéias complicadas. Costuma-se começar dizendo "é como se..." ou "é mais ou menos igual a...". Suponha que você quer explicar a estrutura de uma organização. Usar uma analogia seria como dizer "é como uma árvore. As raízes, que sustentam toda a estrutura, são como os trabalhadores de base. Acima da superfície estão o tronco e os galhos principais, que são as divisões da empresa, que por sua vez têm galhos menores, que são os departamentos...", e assim sucessivamente.

Frases

Uma vez compreendida a questão do estilo geral, já progredimos muito na preparação de relatórios escritos com clareza, mas é importante usarmos as frases e palavras adequadas a esse estilo. As palavras estudaremos em breve, pois antes vamos dar uma olhada nas frases e orações.

Use frases e parágrafos curtos

Há investigadores que passam meses estudando escalas de leitura, e que podem nos dizer se o que escrevemos proporciona uma leitura fácil ou difícil. O programa de nosso computador também pode nos dar uma escala de legibilidade para aquilo que escrevemos.

Mas sem chegar a tal nível de detalhamento, há certas coisas que todas as escalas levam em consideração e entre as mais importantes estão a extensão dos parágrafos e das frases.

Parágrafos

Se você abre um livro ou um relatório onde há poucas divisões do texto em parágrafos, certamente sua reação será: "Nossa, que denso...". Os parágrafos não apenas servem para deixar o texto menos pesado, mas também nos ajudam a estruturar o que queremos dizer. Sem os parágrafos, é muito mais difícil para o leitor identificar a estrutura do que está sendo comunicado.

Toda vez que começar uma nova idéia, comece também um novo parágrafo. Muitos parágrafos de uma única frase podem ser incômodos para o leitor, mas isto é preferível a um texto em que praticamente não há parágrafos. No mínimo, se usar um papel de tamanho A4 padrão, certifique-se de que seus parágrafos tenham a largura maior do que a extensão.

Frases

As frases longas são difíceis de ler. Se todas as frases tiverem a mesma extensão, o estilo passará uma sensação de monotonia; portanto, é melhor variar um pouco. As frases normais têm cerca de vinte palavras e não devem passar de trinta e cinco. Se você utilizar mais do que quarenta palavras em uma frase, certamente é possível dividi-la e formar pelo menos duas frases com uma extensão mais razoável.

Exemplo

Eis um exemplo de frase longuíssima, seguido de uma sugestão de como dividi-la:

No caso de dois ou mais membros do pessoal do departamento estarem ausentes do seu posto de trabalho num mesmo momento, será necessário que um ou mais dos integrantes que restam do pessoal ofereçam uma cobertura para garantir que as funções essenciais continuem sendo realizadas até que os membros ausentes retornem ao trabalho.

Sempre há mais de uma maneira de encurtar uma frase, mas observe este exemplo. Veremos como a frase se torna mais clara ao ser encurtada.

Se duas ou mais pessoas estiverem fora do departamento num mesmo momento, alguma outra deve cobrir suas tarefas essenciais até que retornem.

Não use jargões

O termo é difícil de ser definido, mas em essência refere-se a uma linguagem específica relacionada a um determinado tema em especial. Todos nós utilizamos expressões especiais que, para nós, fazem parte da linguagem cotidiana, mas que são jargões para os outros. Uma expressão como "MS/DOS" é um jargão para as pessoas que não usam computador.

Os jargões existem porque são uma forma de comunicação muito útil entre pessoas do mesmo meio, trabalho ou ocupação. Se você estiver seguro de que todas as pessoas que lerão seu relatório estão incluídas nesta categoria, não se preocupe e utilize os jargões. Mas tenha a consciência de que algumas palavras do seu vocabulário cotidiano são jargões para outras pessoas. Não as use se houver o risco de seus leitores não as compreenderem e procure utilizar uma frase ou palavra alternativa, uma que seus leitores usariam.

Há ocasiões em que não conseguimos evitar o uso de jargões, especialmente em relatórios técnicos. Neste caso, diante da possibilidade de seus leitores não entenderem seu relatório, a solução é incluir um glossário (no sábado, veremos os glossários).

Não use clichês

Algumas expressões já estão tão desgastadas que perderam seu sentido. Os leitores já se acostumaram tanto com elas que já não lhes dão atenção. O mundo empresarial, lamentavelmente, está repleto de expressões desse tipo. Vejamos alguns exemplos:

- Atende às necessidades dos clientes.
- Uma ampla gama de produtos e serviços.
- Produtos de alta qualidade.

Todas elas são expressões que vemos com uma freqüência tão excessivamente exagerada que não prestamos atenção no que querem dizer. Em todo caso, embora tenham algum significado, já perderam toda sua capacidade de impactar.

O último exemplo é muito bom. O tal "produto de alta qualidade" é algo que ouvimos com tanta freqüência que deixamos de acreditar na frase, pois é o que todos dizem a respeito de seus produtos.

O que podemos fazer para evitar esses clichês? A resposta é muito simples e tem muito mais força do que os próprios clichês, quando foram criados: é preciso apresentar dados concretos.

Em vez de dizer "Este produto atende às necessidades dos clientes", diga "Nos dois últimos anos, nossas avaliações demonstram que a satisfação de nossos clientes com relação a este produto supera constantemente os 97%", ou "Mais de 85% de nossos clientes voltam a comprar nossos produtos em até seis meses".

Você pode descrever seu "produto de alta qualidade" dizendo: "Nossos produtos duram em média doze anos antes de precisarem ser substituídos" ou "Na avaliação anual do setor, nossos produtos obtiveram pontuações melhores do que os da concorrência".

Palavras

São o último elemento do estilo de escrita que você deve considerar. Mais uma vez, insistiremos que não há palavras certas ou erradas, mas uma aproximação geral daquelas que costumam ser escolhidas. Uma vez compreendido este princípio, será fácil escolher as palavras mais adequadas para o seu relatório. Veja algumas dicas simples a seguir:

Sempre que puder, use palavras curtas

As palavras curtas são mais fáceis de ler e ajudam a leitura a fluir melhor. Algumas palavras mais longas também são necessárias para dar um pouco de variedade ao relatório, mas não muitas. Por que dizer "veículos" quando se pode dizer "carros"?

No entanto, é melhor utilizar palavras longas que os leitores conhecem do que palavras curtas desconhecidas por eles. É melhor escrever "desconhecido" a "ignoto", mesmo que tenha mais letras.

Use mais os verbos na forma ativa que na passiva

Quer dizer que o sujeito da frase realiza a ação em vez de ser afetado por ela. "O cachorro perseguiu o gato" é uma frase na voz ativa e "O gato foi perseguido pelo cachorro" é uma frase na voz passiva. A voz ativa permite uma escrita mais dinâmica e legível. Como já conhecemos a importância dos exemplos, vejamos mais um: "Uma porcentagem das pensões do pessoal será paga pela empresa" é uma frase na voz passiva. A versão na voz ativa seria "A empresa pagará uma porcentagem das pensões do pessoal".

Às vezes é necessário usar os verbos na voz passiva, mas como eles tornam a leitura mais lenta, limite-se a usar um a cada quatro ou cinco frases, quando muito. Veja alguns exemplos de ocasiões em que talvez queira ou precise usar a voz passiva:

- Quando o sujeito (a pessoa ou coisa que realiza a ação indicada pelo verbo) não é conhecido ou não é importante: *O edifício foi pintado de azul.*
- Quando se quer dar ênfase ao objeto da frase (a pessoa ou coisa a quem se faz algo): *Os carros que ficam nos extremos do estacionamento são roubados com maior freqüência.*
- Quando se quer confundir a questão: *O pedido foi feito por engano.* (Recorrer à confusão não é uma boa idéia em relatórios, mas se tiver de fazê-lo, a voz passiva será de grande ajuda.)

Use mais os nomes concretos do que os abstratos

Uma "ferramenta de comunicação" é uma idéia abstrata, mas "telefone" é uma idéia concreta. Os substantivos concretos proporcionam ao leitor uma imagem mental, o que facilita muito a idéia que expressam.

Os substantivos abstratos, por outro lado, são normalmente mais longos (estão presentes em grande parte de todas essas longas palavras que terminam em "-ção") e também podem ser terrivelmente vagos (como "situação" ou "atividades").

Às vezes é possível substituir um nome abstrato por um concreto (como o exemplo do "telefone" no lugar de "ferramenta de comunicação" ou "carro" em vez de "transporte"). O mais comum, no entanto, é substituir os nomes abstratos por verbos. Vejamos alguns exemplos:

- "Recebemos um ensino ruim" pode ser substituído por "Ensinam-nos mal".
- "Estamos buscando a eliminação de defeitos" pode ser trocado por "Estamos tentando eliminar os defeitos".
- "Levando em consideração a situação do desemprego..." pode ser substituído por "Considerando as demissões..."

Não utilize palavras rebuscadas ou termos legais

Fuja de todas essas horríveis expressões como "outrora", "outrossim", "incoar" e outras do gênero. Ninguém as usa e elas soam pomposas e fora de lugar. Geralmente podemos suprimi-las sem que a frase perca o sentido, e embora seja preciso mudá-la um pouco, sempre é preferível isso a obscurecer o sentido ao manter seu uso.

Não utilize palavras neutras

Seu relatório será muito mais claro e muito mais interessante se adicionar a ele um pouco de vida. Já vimos como fazer isso, por exemplo variando a extensão das frases ou usando mais a voz ativa do que a passiva: eis aqui outra técnica.

Evite palavras neutras como "mudar", quando tiver a possibilidade de usar conceitos ativos como "melhorar" ou "piorar". Dando outro exemplo, por que utilizar "O novo sistema afeta o moral" quando podemos dizer "O novo sistema derruba o moral"?

Evite a redundância

Redundância é usar duas ou mais palavras que têm o mesmo significado, o que torna uma delas desnecessária. Por exemplo, "Um círculo redondo".

Tenha cuidado com as palavras ambíguas

Tente dizer esta frase em voz alta: "Estou um pouco preocupado com as cifras de venda do modelo BS30". Você pode dizer a mesma coisa de maneiras diferentes e fazer com que pareça insignificante ou um problema sério. Como a expressão é oral não tem problema, pois você pode utilizar o tom de voz, a entonação ou a ênfase para expressar sua mensagem; mas quando escreve, quem está lendo desconhece a sua intenção. Além disso, o mais provável é que leiam sua declaração de uma forma e nem sequer pensem que sua intenção poderia ter sido outra.

Algumas palavras podem ser interpretadas de mais de uma maneira quando estão por escrito; portanto, tenha muito cuidado com elas. Expressões comparativas como "um pouco" ou "bastante" costumam apresentar problemas de interpretação.

Resumo

Dedicamos o dia de hoje a polir o estilo do enfoque geral, as frases e as palavras do seu relatório. Quando se acostumar a seguir essas sugestões, seu estilo de escrita será claro e legível, qualidades que seus leitores apreciarão. Os principais pontos que vimos hoje são:

Estilo geral

- Usar uma linguagem cotidiana
- Ser politicamente correto
- Usar exemplos e analogias

Frases

- Usar frases e parágrafos curtos
- Não usar jargões
- Não usar clichês

Palavras

- Usar palavras curtas
- Usar verbos na voz ativa
- Usar nomes concretos
- Evitar termos pomposos e legais
- Evitar palavras neutras
- Evitar redundâncias
- Tomar cuidado com as ambigüidades

Amanhã veremos outro elemento da boa escrita: a gramática. Com o domínio do estilo e da gramática, você se tornará um escritor profissional.

Usar uma linguagem correta

Ontem vimos como escrever com um estilo claro, e hoje veremos como usar uma linguagem correta. Não se trata de uma monótona aula de gramática, mas de ver os problemas mais freqüentes que o idioma apresenta:

- Vocabulário
- Ortografia
- Pontuação
- Abreviações
- Regras gramaticais que podem ser evidenciadas

Qualquer pessoa com um bom conhecimento do idioma provavelmente irá julgá-lo pelo uso que faz da linguagem. Portanto, se quiser impressionar seus leitores, aconselhamos que reveja seus problemas com a gramática e com a ortografia. Para seu próprio bem, se não tiver certeza de algo, não tente adivinhar; sugerimos que se certifique.

Vocabulário

É importante usar a palavra adequada ao que está tentando dizer, porque sempre haverá mais de um leitor de seu relatório que notará que você trocou um termo por outro e que, portanto, ignora a diferença entre eles. Por exemplo, se você diz "Alguns membros do pessoal tendem a infringirem esta regra...", alguém descobrirá que você deveria ter dito "infringir", e não "infringirem".

Infelizmente, não há uma regra simples a ser seguida para nos assegurarmos de que usaremos sempre a palavra adequada. Há alguma expressão com a qual você tem problemas ou dúvidas? Consultá-la em um dicionário é a melhor coisa a fazer.

Para explicar algumas palavras é necessário usar termos gramaticais que você provavelmente conhece, mas que mostraremos aqui novamente, caso tenha esquecido:

- *Um verbo* é uma palavra que expressa uma ação
- *Um nome* é uma pessoa ou coisa
- *Um adjetivo* é uma palavra que descreve um nome

Por último, voltamos a insistir que, se não estiver seguro quanto a uma palavra, deve se certificar consultando um dicionário. No final deste capítulo, você encontrará uma lista dos livros de referência mais úteis, onde encontrará respostas para todas as dúvidas que possa ter sobre o uso correto da linguagem.

Ortografia

O mesmo ocorre com a ortografia: os erros ortográficos causam a mesma má impressão que as palavras equivocadas; por isso, em caso de dúvida sempre consulte um dicionário. Se utilizar um computador, é provável que ele tenha um corretor ortográfico, mas de qualquer forma, use-o com cuidado. O problema é que esses programas revisam apenas a ortografia e verificam se a palavra existe; mesmo que não seja a que você deseja usar, o programa não detectará nenhum erro. Se você quiser escrever "também", mas em vez disso escreve "tão bem", o erro não será indicado, apesar de não ser a expressão que você precisa para que a frase tenha sentido.

O melhor jeito de tirar proveito dos programas de correção ortográfica é usá-los apenas se você mesmo fizer antes uma revisão cuidadosa daquilo que escreveu. Caso tenha muitas dúvidas com relação à sua ortografia, peça para que outra pessoa também reveja o texto.

Pontuação

Alguns sinais de pontuação são difíceis de serem usados corretamente; por isso veremos os mais importantes:

- Dois pontos
- Ponto e vírgula
- Hífen
- Ponto de exclamação
- Letras maiúsculas

Dois pontos

Os dois pontos indicam que a seguir vem outra parte do texto, mas só devem ser usados para indicar uma lista completa. Por exemplo, "estes são os ingredientes de um biscoito: açúcar, manteiga, ovos, farinha e um pouco de leite". Uma lista incompleta, indicamos com palavras como "inclui". Por exemplo, "Os ingredientes de um biscoito incluem açúcar manteiga e ovos".

Os dois pontos rompem o fluxo da frase; por isso, não devemos usá-los quando a oração funciona sem eles. Por exemplo, "Os ingredientes de um biscoito são açúcar, manteiga, ovos, farinha e um pouco de leite". Algumas pessoas têm a (equivocada) tentação de colocar dois pontos depois da palavra "são".

Ponto e vírgula

Existem duas razões para usarmos o ponto e vírgula:

- Destacar uma idéia, mas que não é a última.
- Separar uma lista que contém vírgulas.

Algumas vezes precisamos de uma pausa maior do que a de uma vírgula, mas menor do que a de um ponto; esta é a ocasião em que usamos o ponto e vírgula com mais freqüência.

A melhor maneira de separar os elementos de uma lista é usando vírgulas, pois os olhos de quem lê passam mais suavemente por uma vírgula do que por um ponto e vírgula. No entanto, às vezes um ou mais elementos da lista contêm vírgulas, e neste caso é válido o uso de ponto e vírgula para separá-los: "Produtos alimentícios como nozes; ovos; farinha; leite; manteiga e queijo; arroz..."

Hífens

Os hífens são utilizados para deixar claro o sentido de uma expressão, mostrando a real relação entre duas palavras. Se o dicionário indica que uma expressão é separada pelo hífen, então pode usá-lo. Em caso de dúvida, é preferível não utilizá-lo.

Ponto de exclamação

Só há uma regra para o ponto de exclamação: não é preciso usá-lo para indicar que aquilo que o leitor acaba de ler pretende ser divertido. Os pontos de exclamação são utilizados justamente para isso: para marcar uma exclamação, nada mais.

Letras maiúsculas

As letras maiúsculas são mais difíceis de ler do que as minúsculas. Por isso, não as use a menos que seja gramaticalmente obrigatório. Por exemplo, é preferível "Estudo física, química e álgebra" a "Estudo Física, Química e Álgebra".

Abreviações

Se você utilizar abreviações em seu relatório, passará a impressão de que teve preguiça de escrever as palavras inteiras, por isso evite abreviações como "aprox." ou "etc".

Abreviar nomes longos ou denominações oficiais, por exemplo, facilita a leitura, pois não há nada pior do que um texto formado por enormes nomes de organizações. Geralmente, as abreviações são formadas pelas iniciais, mas quem lê tem que saber o significado de tais letras. A solução é bem simples: a primeira vez que se referir a uma determinada organização, use o nome completo seguido imediatamente pelas iniciais entre parênteses. Por exemplo, Boletim de Ocorrência (BO). A partir daí, toda vez que mencioná-lo, poderá utilizar apenas BO.

Regras gramaticais podem ser deixadas de lado

Esta é a parte divertida, a que mais agrada os espíritos rebeldes. Qualquer pessoa educada nos anos 1960 (você mesmo, talvez) conhece uma grande quantidade de regras gramaticais. Atualmente, algumas dessas regras não estão mais em vigor, e por isso não é necessário respeitá-las. É claro que se o relatório que está escrevendo for destinado a leitores da velha escola, é melhor adaptá-lo ao gosto deles, mas se não for esse o caso, é você quem decide se irá obedecê-las ou não.

Resumo

Hoje dedicamos o dia estudando o uso correto da linguagem e vimos que todos esses aspectos são importantes para alguns de seus leitores e, portanto, para você também.

Primeiro vimos o vocabulário e a ortografia, fazendo referência às palavras mal usadas ou mal escritas. Também vimos algumas regras gerais de ortografia e alguns problemas comuns de pontuação, e finalmente passamos ao uso das abreviações e mencionamos que há regras gramaticais que podemos deixar de lado.

Lembre-se que muitos leitores com um bom domínio do idioma o julgarão, entre outras coisas, pelo uso que faz dele. Se quiser impressioná-los, ganhar seu respeito e adquirir credibilidade diante de seus olhos, terá de aprender a escrever de acordo com seus gostos e requisitos.

Por isso, nunca tente adivinhar o uso de um determinado aspecto do idioma. Se não está seguro de algo, seja a ortografia, o significado ou a pontuação, não hesite em pesquisar.

SEXTA

Qualquer pessoa que escreve relatórios com certa freqüência deveria manter em mãos os seguintes livros de consulta (ao menos algum deles):

1. Dicionário Aurélio Buarque de Holanda da Língua Portuguesa
2. Dicionário Enciclopédico Houaiss da Língua Portuguesa
3. (Adicionar algo que considere conveniente)

Dar os toques finais

Já quase chegamos ao final. Fizemos toda a preparação, estruturamos o relatório e o escrevemos, agora só falta dar os toques finais:

- Apresentação
- Apêndices
- Tabelas e gráficos
- Elementos adicionais

Se você tem convidados para o jantar e quiser impressioná-los, certamente se certificará de que os pratos estejam bem apresentados e apetitosos, não é mesmo? O mesmo acontece com os destinatários de seu relatório: se você quiser impressioná-los, deverá se assegurar de que o relatório está com uma boa apresentação, é atraente e fácil de ler.

Apresentação

Como todos sabemos, a primeira impressão é vital. E a primeira coisa que seus leitores notarão, antes mesmo de ler uma palavra sequer, é a apresentação do seu relatório.

Você sabe por experiência própria que quando olhamos para um livro, uma revista ou um relatório, instintivamente os julgamos pela forma como são apresentados ou pela organização do texto. Com apenas uma olhada decidimos se parece divertido, impenetrável, pesado ou fácil de ler. Quem ler seu relatório fará o mesmo; por isso, certifique-se de que o documento que elaborou vá causar a melhor impressão possível.

O objetivo é duplo. Em primeiro lugar, você quer que o relatório seja legível; em segundo lugar, quer que passe a impressão de ser um documento organizado. Os leitores do seu relatório irão associá-lo diretamente a você, atribuindo-lhe as qualidades que atribuíram ao documento. Portanto, se quiser que o considerem organizado, profissional e digno de crédito, terá que dar tais qualidades ao seu relatório. A apresentação tem, aqui, um papel muito importante.

Há vários aspectos da apresentação que ajudam a tornar um relatório mais atraente, como veremos a seguir.

Espaços e margens

Quanto mais espaço houver ao redor do texto, mais manejável parecerá. Por isso, recomendamos que utilize espaçamento duplo e deixe margens bem largas. As margens largas também têm a vantagem de concentrar a atenção no texto, o que, por sua vez, faz com que ele pareça mais importante.

Quanto à margem direita, considere se é favorável justificá-la (ou seja, alinhar todas as linhas de cada parágrafo). Tudo depende da impressão que você deseja passar.

Texto não justificado

Um texto não justificado dá uma impressão mais amável e informal, o que pode ser uma vantagem se o documento for bastante informal ou se os leitores puderem se sentir intimidados por sua complexidade.

Por exemplo, se você estiver escrevendo um relatório sobre uma questão altamente técnica para pessoas que não são especialistas, certamente tentará fazer o possível para que consigam compreender os aspectos técnicos e não pensem que o relatório está além de suas capacidades. Neste caso, deixar o texto sem justificar pode ser uma boa idéia.

Texto justificado

O texto justificado tem uma aparência mais formal, o que pode ser uma vantagem em determinados tipos de relatórios, além de dar uma imagem maior de uniformidade. Em geral, não há muita diferença entre um e outro, mas às vezes um relatório pode correr o risco de passar uma imagem de desordem se contiver muitos gráficos e tabelas. Neste caso, justificar a margem direita do texto irá ajudá-lo a fazer com que pareça mais organizado e uniforme.

Qualquer que seja sua decisão com relação à justificação ou não da margem direita, não a mantenha ao longo de todo o relatório.

Tópicos

Os tópicos têm três funções úteis:

- Em primeiro lugar, dividem a página e fazem com que ela pareça mais legível.
- Em segundo lugar, informam o leitor sobre o que vem a seguir e o ajudam a identificar o relatório. Para algumas pessoas, isso significa uma clara visão geral do caminho traçado pelo relatório, enquanto para outras indica a possibilidade de pular essa parte se estiverem com pouco tempo.
- Em terceiro lugar, os tópicos são muito úteis quando o leitor quer voltar a uma determinada questão, pois permitem fácil localização.

Chegamos à conclusão de que é importante que o tópico indique claramente o que vem a seguir. Não se incomode em fazer tópicos chamativos ou engenhosos, pois eles podem cair muito bem em um jornal, mas não são adequados em um relatório.

Seções

Além de dar um título e um subtítulo a cada seção, também podemos numerá-las. A numeração proporciona uma aparência um pouco mais formal, mas novamente é você quem deve decidir se é isso o que desejam de seu relatório.

A numeração das seções é útil para que as pessoas a quem se dirige o relatório possam discuti-lo entre si ou com você, pois facilita a localização da seção a que se referem. Caso decida utilizar a numeração, há várias formas de fazê-lo:

1. Podemos designar um número a cada seção, acompanhado por um tópico, como: "3. Benefícios para os clientes".
2. Podemos numerar cada parágrafo abaixo dos títulos
3. Podemos combinar estas duas formas, numerando cada tópico e também cada parágrafo dentro do mesmo título. A seqüência seria 1.1, 1.2, 1.3 e assim por diante. Não é aconselhável destrinchar demais os números (1.1.1, 1.1.2, 1.1.3...) porque o texto fica confuso.

Listas

As listas são sempre mais fáceis do que as mesmas informações apresentadas em forma de texto corrido, motivo pelo qual você deve usá-las para apresentar benefícios, desvantagens ou técnicas utilizadas em um estudo, por exemplo. Se achar que uma lista pode ajudar a tornar uma página mais fácil de ler e compreender, use-a.

As listas podem ser indicadas com diversos sinais como pontos, asteriscos ou números, ou até mesmo com um ícone apropriado contido em seu computador. Se você estiver escrevendo um relatório sobre a melhora do sistema telefônico, por exemplo, pode encabeçar cada elemento novo da lista com um pequeno ícone de telefone mas não abuse destes símbolos especiais, pois eles distraem a atenção da mensagem principal.

Aspecto geral

Por último, use um aspecto simples e claro, que ajude na compreensão do conteúdo. Não é necessário mais que dois tipos de letra, um para o texto e outro para os títulos. Mantenha sempre um estilo simples e sempre igual para eles.

Apêndices

Como você se sentiria se encontrasse um relatório de sessenta páginas sobre sua mesa, sabendo que teria de lê-lo inteiro? Ou até mesmo um de vinte páginas? O fato é que ninguém gosta de relatórios longos e nunca tem tempo de lê-los, portanto resuma ao máximo seu relatório.

Com exceção dos grandes projetos de investigação, praticamente todo tipo de relatório pode ser escrito em até dez páginas. Se o seu relatório tiver apenas três páginas, os outros acharão que você trabalhou pouco; por outro lado, ficarão agradecidos se encontrarem nessas três páginas tudo o que precisam saber. Seus leitores querem qualidade, não quantidade.

Mas suponha que você tem informações suficientes para trinta páginas. O que fazer? Recorra aos apêndices, é para isso que eles servem. Inclua todos os dados fundamentais na parte central do relatório e, quando for o momento de comprovar os fatos ou demonstrar como chegou a eles, simplesmente remeta os leitores ao apêndice correspondente. Se quiserem lê-los, os consultarão; caso contrário, irão se contentar com o que você já informou a eles.

Um relatório pode ter um ou vários apêndices, onde podemos incluir:

- Estatísticas
- Gráficos e tabelas
- Números
- Informações a serem atualizadas durante a vigência do relatório
- Metodologia
- Cópias de formulários de avaliação e outros dados de estudo

Diagramas e gráficos

Freqüentemente, a melhor forma de o leitor captar a informação é apresentá-la em gráficos ou diagramas, antes mesmo de tabelas ou números. Não só são lidos com mais rapidez, como também podem ser usados para dirigir a atenção do leitor para os aspectos da informação que desejam destacar, o que é ainda mais importante.

Mas como fazer isso? Que tipo de gráfico ou diagrama usar? De fato, todos têm funções diferentes e, de acordo com o que se quer demonstrar, só há um tipo de diagrama que serve para tal função, por isso veremos os principais tipos de diagramas e gráficos para sabermos qual usar.

Todos os gráficos e diagramas são usados para fazer comparações, portanto a primeira coisa a se fazer é decidir o que vamos comparar. Existem cinco tipos principais de comparação que geralmente demandam uma ilustração.

Componentes

Quando decompomos um número para mostrar como está formado, estamos fazendo uma comparação de componentes. Por exemplo, o número total de empregados de uma empresa, representando o quanto trabalha cada departamento.

Para somar os componentes que dão um total de 100%, o mais indicado é um diagrama de setores, embora estes não devam passar de meia dúzia para não atrapalharem a compreensão.

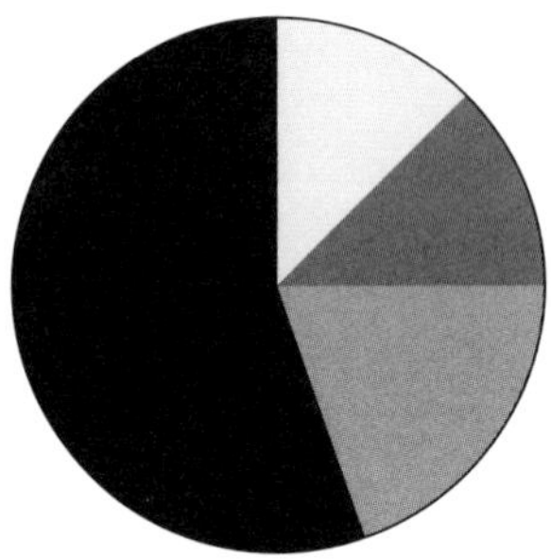

Os diagramas de setores não devem ser usados lado a lado para compararmos, por exemplo, a porcentagem do gasto de material de escritório com a porcentagem de gastos por quilometragem. Torna-se muito difícil para o leitor interpretar a informação relevante. Para este tipo de comparação de componentes é preferível usar dois gráficos de barras, um ao lado do outro, pois ilustram o mesmo tipo de informação que o gráfico de setores.

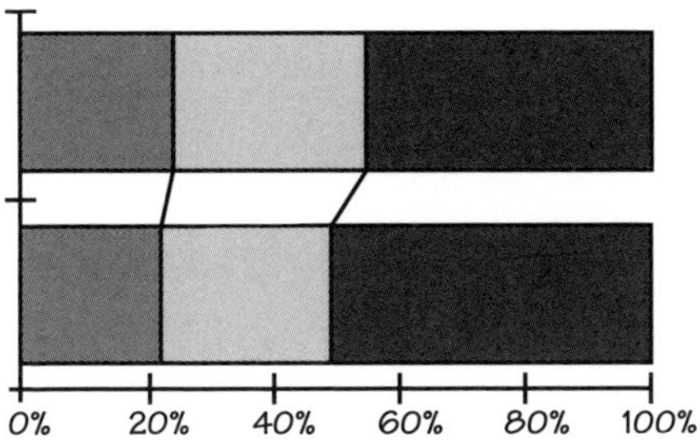

Elementos

Se você quiser comparar um elemento com outro, utilize o gráfico de barras. Por exemplo, suponha que quer mostrar o número de empregados de uma empresa, mas com um enfoque especial: destacar a diferença da quantidade de pessoal de cada departamento. Os elementos que você está comparando são os departamentos da empresa, e o gráfico de barras é a ferramenta mais adequada.

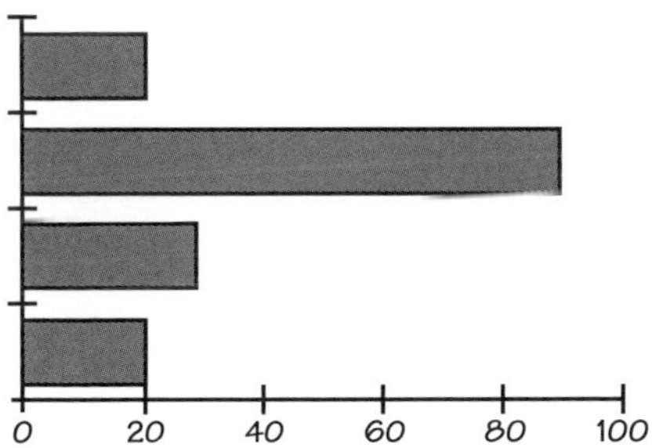

Muitas pessoas utilizam gráficos de barras verticais (veremos a seguir), mas o problema com este tipo de gráfico é que eles implicam uma escala temporal da esquerda para a direita, o que no caso do pessoal de cada departamento não existe, por isso é melhor usar barras horizontais.

Séries temporais

Para indicar uma tendência ao longo do tempo, como por exemplo a variação dos números nos últimos dois anos, o mais adequado é o gráfico de barras verticais ou um gráfico linear. O gráfico de barras verticais é o equivalente vertical ao gráfico de barras comum.

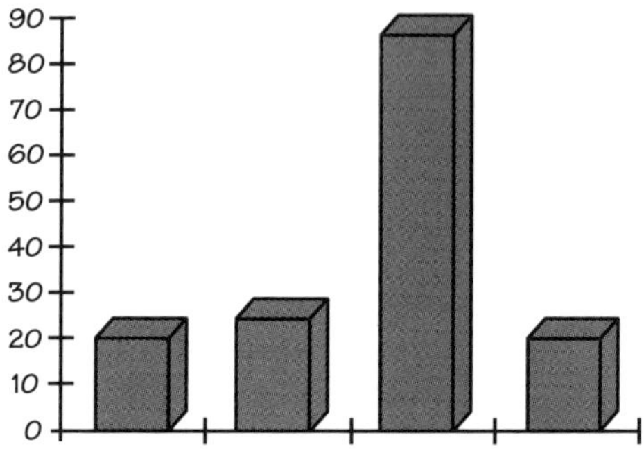

Um gráfico linear é melhor para marcar muitos pontos temporais como, por exemplo, a mudança no número de empregados nos últimos 24 meses. Este tipo de gráfico destaca uma tendência geral, enquanto as barras verticais mostram mais claramente a diferença entre os números de cada mês.

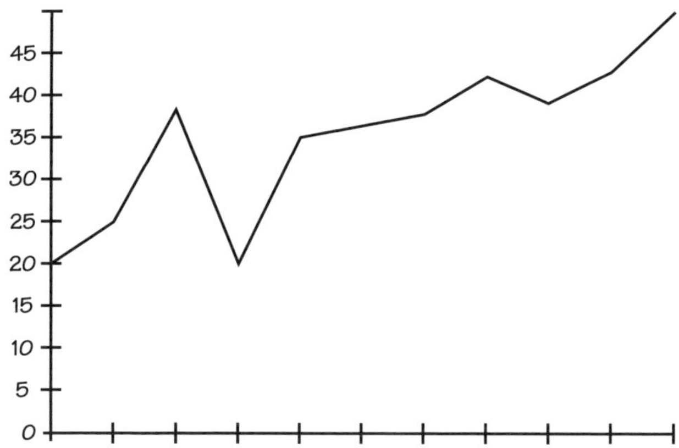

Distribuição das freqüências

Trata-se de algo que freqüentemente queremos demonstrar ao fornecer os resultados de uma avaliação. Neste caso, a comparação é feita entre a quantidade de elementos que caem dentro de cada valor numérico: "menos de 18 anos", "de 19 a 25 anos", "de 26 a 35 anos" etc; ou "menos de 200 pts", "entre 200 e 500 pts"... Para mostrar a distribuição de uma freqüência, é necessário um gráfico de barras verticais.

Correlação

Podemos mostrar a correlação entre o número de empregados de cada departamento com o orçamento dos departamentos utilizando o gráfico de barras em direções opostas.

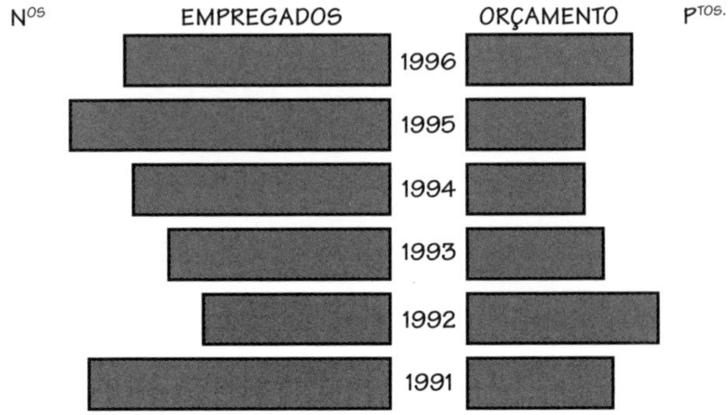

Elementos adicionais

Se examinar qualquer livro (inclusive este), você verá que há uma página onde aparece o título, informações sobre o copyright, um sumário etc. Seu relatório deve apresentar as mesmas informações, ou ao menos o equivalente a elas.

Alguns elementos devem sempre ser incluídos, enquanto outros apenas em certos casos.

Elementos sempre necessários

Talvez em sua empresa haja um livro de regras para relatórios, e neste caso você terá que segui-lo. Supondo que você seja livre para incluir o que desejar, há alguns elementos que devem aparecer em praticamente todos os relatórios independentemente de sua extensão, exceto o memorando, uma espécie de relatório mais curto:

- Página com o título
- Nome do autor (na página com o título)
- Data do relatório (também na mesma página, e freqüentemente no canto inferior direito, a não ser que se trate de um relatório de atualização mensal, neste caso deve ter mais destaque)
- Página com o sumário
- O objetivo (no começo do relatório)
- Um ou vários apêndices (no final, mas claramente indicados na parte correspondente do relatório)
- Páginas enumeradas

Elementos adicionais ocasionais

Há outros elementos que às vezes são úteis para os leitores. Os mencionados a seguir devem constar todos no final do relatório, mas devem ser indicados no sumário.

- Um glossário (se não tiver sido possível evitar o uso de jargões)
- Bibliografia
- Referências das fontes (as que vimos na terça-feira), pois isto aumenta sua credibilidade e lhe respaldará caso alguém ponha em dúvida sua autoridade

- Orientações úteis
- Agradecimentos (caso outras pessoas tenham lhe ajudado)

O resumo

Esta é a última parte que você deve escrever. Talvez tenha pensado que a primeira coisa que devia escrever era o resumo, principalmente porque aparece no início do relatório, mas na verdade é muito mais fácil escrevê-lo depois de fazer todo o resto, pois você saberá exatamente o que está resumindo.

A menos que seu relatório seja extremamente curto (menos de três ou quatro páginas), sempre inclua um resumo no início, pois o resumo é sempre útil:

- Para quem não tem tempo de ler o relatório inteiro
- Para quem leu o relatório inteiro, mas mais tarde quer recordar seu conteúdo sem ter que lê-lo por inteiro mais uma vez

Daí concluímos que o resumo deve dizer o mesmo que o relatório, mas de forma mais breve. O resumo não é uma conclusão, é um resumo, o que significa que na hora de escrevê-lo você deve seguir a mesma estrutura do relatório completo. Indique a meta ou objetivo e logo resuma seus métodos, os resultados e a conclusão.

O resumo nunca deve ter mais de uma página, senão deixa de ser um resumo. No caso de um relatório com apenas quatro ou cinco páginas, talvez ele se reduza a um par de parágrafos, e justamente o que os leitores querem.

Resumo

Hoje demos os toques finais ao relatório, o que seria a cobertura do bolo. Para causar uma boa primeira impressão nos leitores, é importante que pareça atraente e legível à primeira vista. Já vimos como usar a apresentação para conseguir o efeito desejado.

Também aprendemos a preparar um relatório breve para leitores muito ocupados e com pouco tempo, deixando qualquer informação complementar em um apêndice no final do relatório. Aqui incluímos números, gráficos, tabelas, formulários e outros elementos que reforçam o corpo principal do relatório.

Os diagramas e gráficos podem aparecer no relatório principal ou nos apêndices. De qualquer forma, converter informações em gráficos ou diagramas pode ser arriscado se não souber que tipo de gráfico usar, razão pela qual vimos como escolher o gráfico adequado para transmitir as informações que queremos passar.

Por último, demos uma última olhada em todos os elementos adicionais que talvez você queira ou precise incluir em seu relatório, desde a página com o título até as "orientações úteis". Também vimos como escrever um breve resumo que deve constar no início do relatório, caso este tenha mais de três ou quatro páginas.

Amanhã dedicaremos nosso dia para recapitular todos os aspectos que vimos esta semana. Quando acabarmos, você saberá tudo o que precisa para preparar um relatório de excelente qualidade.

Comprovar os pontos-chave

Dedicamos esta semana para estudar as habilidades e técnicas necessárias para redigir bons relatórios. As técnicas são apenas isso, técnicas, e qualquer um pode aprendê-las, pois não requerem um talento inato.

As seis etapas da preparação e produção do relatório que vimos e hoje recapitularemos são:

- Estabelecer o objetivo
- Reunir informações e organizá-las
- Estruturar o relatório
- Escrever com um estilo claro
- Usar uma linguagem adequada
- Dar os toques finais

Agora você já aprendeu uma das habilidades de gestão mais importantes que muitos executivos nunca chegam a aprender, algo que para você significa uma série de vantagens:

1. Você começa a descobrir que suas recomendações por escrito começam a ser aceitas com mais freqüência. Esse é um dos efeitos de um relatório bem escrito: as pessoas que os lêem o encaram com mais seriedade, assim como a suas conclusões.
2. Os relatórios regulares, as atualizações e os memorandos refletem seu estilo de gestão. Tanto seus chefes como sua própria equipe o julgarão por sua documentação escrita e passarão a encará-lo como uma pessoa eficiente, organizada e com idéias claras, com uma reputação muito valiosa de se ter.
3. Se você trabalha em uma grande empresa, é apenas questão de tempo até que alguém da cúpula da diretoria passe a prestar atenção em você por causa de um relatório particularmente bom feito. É surpreendente a quantidade de executivos de sucesso que podem estabelecer o processo de ascensão de sua carreira a partir de um relatório realmente bom que chamou a atenção de alguém influente.

Provavelmente, você terá que se esforçar bastante no início, mas com a prática descobrirá que escrever bons relatórios será algo cada vez mais fácil. De qualquer forma, seguramente você gostará de ter este livro em mãos, para poder confirmar se está indo pelo caminho certo. Por isso, este capítulo se dedica a comprovar os pontos-chave dos capítulos anteriores.

Estabelecer o objetivo

Na segunda-feira, começamos nos concentrando no primeiro passo da preparação de um relatório, estabelecer o objetivo. Primeiro vimos por que precisamos de um objetivo e os três passos para estabelecê-lo:

Por que precisamos de um objetivo

- Porque ajuda a decidir as informações que incluiremos e as que omitiremos
- Porque nos ajuda a adequar o relatório a seu destinatário
- Porque fica mais fácil de escrevê-lo

Como estabelecer o objetivo

Antes de estabelecê-lo devemos fazer uma série de perguntas:

- Quem vai ler o relatório?
- Por que ele foi solicitado?
- O que desejam saber?
- O que não interessa?
- O que conhecem sobre o assunto?

Especificar o objetivo

Devemos estabelecer os requisitos do relatório e integrá-los ao nosso objetivo para torná-lo mais específico.

Entrar em acordo quanto ao objetivo

Apresente o objetivo por escrito para seu chefe ou para quem lhe pediu o relatório para que confirme que o relatório que você está preparando está de acordo com o que lhe pediram.

Reunir as informações e organizá-las

Na terça-feira nos dedicamos à segunda etapa da preparação de um bom relatório: reunir as informações e organizá-las. Vimos os quatro passos desta etapa do processo:

Determinar as informações necessárias

- Referir-se ao objetivo e fazer uma lista dos aspectos gerais
- Escrevê-los na ordem em que lhe ocorrerem
- Fazer subgrupos destes aspectos gerais

Reunir material

São três as fontes de material às quais podemos recorrer:

- Material interno da empresa (por exemplo, folhetos de venda, boletins informativos, relatórios habituais, minutas de reuniões, relatórios feitos por outras pessoas)
- Material à disposição do público (livros, guias, a imprensa, associações profissionais, órgãos governamentais, a concorrência)
- Informações obtidas em conversas com outras pessoas (clientes, especialistas, fornecedores)

Comparar as informações

Escrever um resumo de cada ponto que deseja incluir no relatório em uma folha à parte, anotando onde pode encontrar a informação completa.

Separá-la em grupos

Organizar as folhas com os resumos em grupos lógicos, que normalmente são entre quatro e doze. Nesta etapa não há necessidade de que os grupos de informações estejam relacionados com a estrutura definitiva do relatório.

Estruturar o relatório

Na quarta-feira finalizamos as etapas de preparação vendo como estruturar o relatório. Quanto à estrutura, há dois tipos de relatórios: os de investigação e os que apenas apresentam dados.

Relatórios de investigação

Em um relatório de investigação, o que se faz é estudar uma determinada questão e logo relatar o que foi descoberto, com ou sem uma indicação de como usar as descobertas. A estrutura de um relatório de investigação é como a de um experimento científico: objetivo, método, resultados e conclusão.

Objetivo

O objetivo é aquilo que determinamos na segunda-feira e que expressamos em uma única frase. Um relatório de investigação normalmente o especifica no começo.

Método

Nesta parte do relatório se descreve o procedimento utilizado para obter informações sobre a questão e as fontes utilizadas (em poucas palavras, aqui incluímos uma lista detalhada da bibliografia ou das entrevistas realizadas). Caso tenha realizado experimentos, avaliações, provas e outras atividades de investigação, é preciso explicar brevemente o enfoque.

Resultados

Aqui é onde se apresenta o que foi descoberto, fazendo um esforço especial para se manter neutro e objetivo. Só é preciso apresentar fatos evitando os detalhes desnecessários, deixando-os para o apêndice caso haja necessidade de incluí-los em alguma parte, remetendo o leitor ao mesmo.

Conclusão

Nesta última seção podemos expressar qualquer opinião subjetiva obtida a partir da investigação ou incluir as recomendações solicitadas. A conclusão não deve ocupar mais de uma página, exceto nos grandes projetos de pesquisa.

Relatórios que apenas apresentam dados

Estruturar um relatório que apenas apresenta dados é simplesmente uma questão de organizar da forma mais lógica os grupos de informações que possuímos. O critério pode ser a data, o faturamento, a localização, a ordem de importância ou qualquer outro. Em certas ocasiões não há uma seqüência lógica; neste caso, não é necessário se preocupar com a ordem dos dados, pois não podemos criar algo lógico quando isso é simplesmente impossível.

Lembre-se de que a estrutura serve para que o leitor:

- Siga as informações com facilidade
- Absorva e compreenda as informações
- Possa voltar atrás e encontrar rapidamente qualquer informação que queira recapitular

Escrever com um estilo claro

Na quinta-feira falamos sobre o estilo de escrita de cada um e como adequá-lo aos leitores, pois no final das contas é para eles que o relatório é feito. O estilo pessoal costuma ser apropriado para a maioria dos leitores, mas há algumas pessoas para quem é uma boa idéia fazer as adaptações necessárias:

- Pessoas com um estilo mais tradicional
- Pessoas com um estilo mais moderno
- Pessoas cujo idioma do relatório não é sua primeira língua
- Pessoas com dislexia ou outras dificuldades de leitura

Uso da linguagem comum

Ao escrever, é preferível usar uma linguagem comum do dia-a-dia, mas procurando evitar jargões e coloquialismos excessivos.

- Evitar linguagem pomposa
- Referir-se a si mesmo como "eu" ou "nós", caso escreva em nome de um coletivo ou de um departamento
- Dirigir-se ao leitor como "você"

Ser politicamente correto

Neste aspecto, o que conta é a opinião dos leitores, não a de quem escreve o relatório. Embora não a considerem a linguagem ofensiva, é provável que a considerem fora de lugar. A linguagem usada não deve ser discriminatória com relação a sexo, etnia ou idade. Veja algumas maneiras de evitar uma linguagem sexista:

- Usar expressões substitutivas
- Usar a segunda pessoa "você"
- Dizer "pessoa" em vez "homem" ou "mulher"
- Alternar os exemplos de homens ou mulheres
- Usar "ele/ela" como última opção

Usar exemplos e analogias

As pessoas que lêem um relatório não podem interromper a pessoa que o redigiu para pedir que explique algo que não entenderam, como ocorreria em um relatório oral. Portanto, assegure-se de que o compreenderão na primeira leitura.

Se os leitores necessitarem de um exemplo, é preciso apresentá-lo. Os exemplos nunca são demais, portanto use-os em abundância.

Caso haja uma idéia complicada, o melhor é usar uma analogia, utilizando expressões como "é parecido com..." ou "é como se...".

Frases

O estilo geral pode mostrar-se fundamental, mas não é tudo. Para que as frases sejam claras e compreensivas:

- Use frase curtas (vinte palavras em média, e sem ultrapassar quarenta)
- Usar parágrafos curtos (em uma folha A4, sua largura deve ser maior do que sua extensão)
- Não utilizar jargões (uma palavra comum para você pode ser um jargão incompreensível para seus leitores)
- Não usar clichês, fornecendo dados objetivos em seu lugar

Palavras

Com relação às palavras, dizemos que é preferível:

- Usar palavras curtas sempre que possível
- Usar a voz ativa em vez da passiva
- Usar nomes concretos em vez de abstratos ("carro" em vez de "transporte")
- Evitar termos legais ou pomposos
- Evitar palavras de significado neutro (é preferível "melhorar" do que "mudar")
- Evitar redundâncias (duas palavras juntas que têm o mesmo significado)

Usar uma linguagem correta

Após vermos, na quinta-feira, como escrever utilizando um estilo claro, na sexta-feira vimos como utilizar uma linguagem correta, repassando problemas comuns de vocabulário, ortografia, pontuação e abreviações. Logo vimos que algumas regras gramaticais mais antiquadas podem ser quebradas sem problemas hoje em dia, e finalizamos com uma breve lista de alguns livros de consulta indispensáveis.

Vocabulário

Estabelecemos que é importante utilizar a palavra adequada para o que desejamos dizer. Usar uma palavra fora de lugar permite que os leitores tenham uma opinião pobre a respeito do relatório e de quem o escreveu. Caso tenha dúvidas sobre o uso correto de uma palavra, o melhor é procurá-la no dicionário e resolver suas dúvidas.

Ortografia

Assim como o vocabulário, também estabelecemos a importância de confirmar a ortografia de determinada palavra. Os dicionários dos processadores de texto do computador não são muito confiáveis, e por isso é preferível pedir a alguém que conheça muita gramática e domine a ortografia que dê uma olhada no relatório.

Pontuação

Também vimos alguns problemas comuns com a pontuação.

Dois pontos

Os dois pontos são utilizados para indicar algo que vem em seguida no texto. Quando são usados para indicar uma lista, ela deve ser completa. Como os dois pontos rompem o ritmo do texto, evite-os se a frase mantiver o sentido sem eles

.

Ponto e vírgula

Só há duas razões para se utilizar ponto e vírgula:

- Para indicar uma pausa maior que uma vírgula, mas menor que um ponto
- Para dividir uma lista que já contém vírgulas

Pontos de exclamação

Os pontos de exclamação só devem ser usados para isso, para expressar uma exclamação, e não para indicar ao leitor que a frase que acabou de ler é divertida.

Maiúsculas

As letras maiúsculas são mais difíceis de serem lidas, por isso devemos utilizá-las apenas onde forem necessárias (basicamente no começo de uma frase ou em nomes próprios).

Abreviações

Dizemos que não convém utilizar palavras abreviadas, pois o leitor pode achar ofensivo, considerando que quem redigiu o relatório teve preguiça de escrever as palavras inteiras. No entanto, quando se trata de nomes muito longos, é preferível utilizar as abreviações. A primeira vez que mencionar uma instituição de nome muito longo e complexo, por exemplo, utilize o nome completo seguido da abreviação formada por suas iniciais entre parênteses, e a partir daí basta usar simplesmente a abreviação para se referir à instituição.

Dar os toques finais

Dedicamos o sábado à última etapa da preparação de um relatório e vimos os principais aspectos da apresentação, os apêndices, as tabelas e gráficos e outros elementos adicionais.

Apresentação

- Use espaçamento duplo em seu texto e deixe margens largas
- Use muitos tópicos e subtópicos
- Numere as seções se achar que isto ajudará o leitor
- Sempre que possível utilize listas em vez de textos
- Mantenha um projeto gráfico simples e limpo

Apêndices

Para apresentar informações complementares, utilize um apêndice. Isto permitirá que a parte principal do relatório seja mais curta.

Tabelas e gráficos

- Para fazer uma comparação de componentes, utilize gráficos de setores. Para comparar dois grupos de componentes, use gráficos de barras horizontais
- Para comparar elementos, use um gráfico de barras verticais

- Para comparar dados relacionados a determinados períodos, use um gráfico de colunas ou um gráfico de linhas
- Para comparar a distribuição de uma freqüência, use um gráfico de colunas
- Para expressar a correlação entre dois gráficos, use um gráfico de barras em oposição

Elementos adicionais

- Aqui incluímos elementos como a página com o título
- Elementos ocasionais como, por exemplo, um glossário
- Sempre devemos adicionar um resumo, exceto em relatórios muito curtos

Conheça outros títulos da Coleção Gestão:

Habilidades diretivas

Aprenda a organizar suas reuniões

Em uma semana

- Definir objetivos
- Fomentar o espírito de equipe
- Enfrentar situações difíceis
- Avaliar os resultados

Robert F. Miller

Planeta temas de hoje

Este livro foi composto
em Times Roman pela
Globaltec Produções Gráficas
para a Editora Planeta do Brasil
em junho de 2006.